# Dies Bildniss
## The Magic Flute

Mozart
(1756-1791)

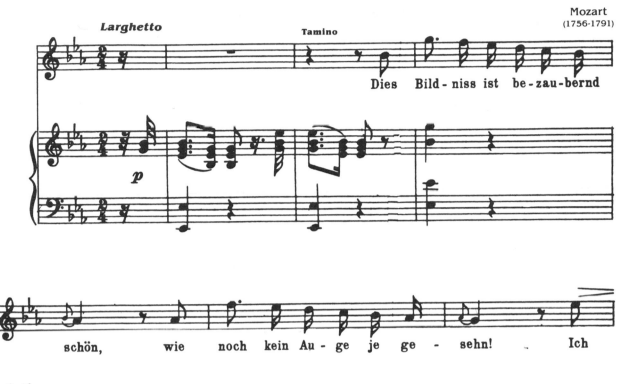

Larghetto

Tamino

Dies Bild-niss ist be-zau-bernd

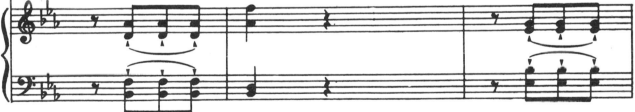

schön, wie noch kein Au-ge je ge - sehn! Ich

fühl' es, ich fühl' es, wie dies Göt - ter-bild mein

Herz _____ mit neu - er Re - gung füllt, mein

Herz _____ mit_ neu - er Re - gung füllt.

Dies Et - was kann ich zwar nicht nen-nen; doch

fühl' ich's hier wie Feu - er bren-nen. Soll die Emp fin - dung

Lie - be sein?　Soll die Emp-fin - dung Lie - be sein?

Ja, ja!　die Lie - be ist's al - lein,　die

Lie - be, die Lie - be die Lie - be ist's al -

lein.　O wenn ich sie nur fin - den

könn - te,   O wenn sie doch hier vor mir stän - de!

ich wür - de   wür - de warm und

rein   was wür - de ich?   Ich wür - de

sie__   voll__ Ent - zü - cken   an die - sen

hei - ssen_ Bu - sen_ druck-en, und e - wig wä - re sie dann

mein und e - wig wä - re sie dann mein, und

e - wig wä - re sic dann mein,_ e - wig wä - re_ sie_ dann

mein,_ e - wig wä - re sie_ dann mein.

# Dalla sua pace

## Don Giovanni

Mozart
(1756-1791)

Don Ottavio

Dal - la sua pa - ce la mia di pen - de quel che a lei

pia - ce___ vi - ta mi ren - de, quel che le in - cre - sce mor - te mi dà,

mor - - te, mor - te mi dà. S'el - la so -

spi - ra, so - spi - ro anch'i-o, è ma quell' i - ra, quel

pian - to è mi - o, e non ho be - ne, s'el - la non l'ha, e non ho

be - ne, s'el - la non l'ha, e non ho be - ne, s'el - la non l'ha!

Dal - la sua pa - ce la mia di - pen - de, quel ch'a lei pia - ce,

vi - ta mi ren - de, quel che le in - cre - sce, mor - te mi dà, mor - te,

mor - te mi dà; dal-la sua pa - ce la mia di - pen - de, quel che a lei

pia - ce, vi - ta mi ren - de,_____ quel che le in-cre - sce, mor - te mi dà,

mor - te, mor - te mi dà, mor - te mi dà, quel che le in -

cre - sce, mor - te mi dà.

# De' miei bollenti spiriti
## La Traviata
Verdi

De' miei bollen ti spi ri ti il gio va ni le ar.

.do . re el . la temprò col pla ci . do sor.

.ri.so del la.mor, del . l'a.mor Dal di che disse:

vi . vere io vo . glio,io voglio ate fe . del,

del . l'u . ni.ver . so im.me . mo . re io vi . . vo,io vi . vo

# La donna è mobile

Rigoletto

Verdi

MMO CD 4017

ma-bi-le, leg-gia-dro vi - so, in pian-to o in ri - so è men-zo -

gne-ro. La don-na è mo-bil qual piu-ma al ven-to, mu-ta d'ac -

cen - to e__ di pen - sier, e__ di pen -

sier, e,__

con forza

e — di pen - sier.

È sem-pre mi-se-ro chi a lei s'af -

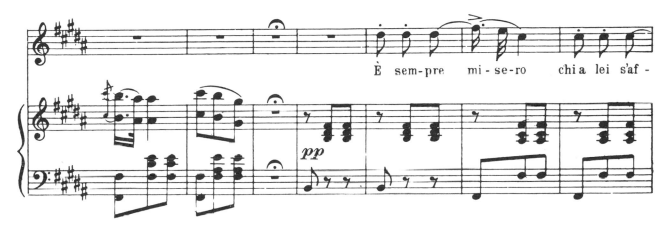

fi - da, chi le con - fi - da, mal-cau-to il co - re! Pur mai non

sen-te-si fe - li-ce ap - pie - no chi su quel se - no

non li-ba a - mo - re! La don-na è mo - bil qual più ma al

ven-to, mu-ta d'ac - cen-to e___ di pen - sier,

e_ di pen - sier, e,_____

e___ di pen - sier!

# Aubade

## Le Roi d'Ys

Lalo
(1829-1892)

Puis - qu'on ne peut rlé - chir ces ja - lou-ses gar-dien-nes, Ah! laissez-

moi con - ter mes pei-nes Et mon é - moi!

MMO CD 4017

Vai-ne-ment, ___

___ ma bien-ai - mé - - e, On croit me dé-ses-pé-rer;

Près de ta por - - te fer-mé - - e Je veux___ en-

cor de-meu - rer!

Les so-leils pour-ront s'é-tein-dre, Les nuits rem-pla-cer les jours, Sans

t'ac-cu-ser et sans me plain - dre, Là je res-te-rai tou - jours, tou -

jours!_ Je le sais, _ ton âme est dou - -

ce, Et l'heu - re bien - tôt vien-dra, Où la main _

MMO CD 4017

qui me re-pous- -se, Vers la mien- -ne se ten-

dra!                                                    Ne sois pas___

trop tar-dive À te lais-ser___ at-ten-drir! Si Ro-zenn bien-

tôt n'ar-ri- ve, Je vais, hé-las! mou-rir, hé-las! mou-rir!

# Salut! demeure chaste et pure

Faust

Charles Gounod
(1818-1893)

Quel trouble in-con-nu me pé-nè-tre?

Je sens l'a-mour s'em-pa-rer de mon ê-tre!

O Mar-gue-ri-te! à tes pieds me voi-ci!

Larghetto

Sa-

dolce
lut! de-meu-re chaste et pu - re, Sa - lut! de-meu-re chaste et pu - re,

où se de-vi-ne La pré-sen-ce d'une âme in-no-cente et di-vi - ne!

Que de ri-chesse en cet-te pau-vre-té! En ce ré-duit, que

de fe-li-ci-té! Que de ri-ches-se, que de richesse en cet - te

pau-vre-té! ___ En ce ré-duit, que de fé-li-ci-

té! ___ O na-

tu- -re! c'est là que tu la fis si

bel- -le! C'est là ___ que cette en-

fant a dor-mi sous ton aile, a grandi sous tes yeux. ___

Là \_\_\_\_\_ que de ton ha - lei - - ne en - ve-lop-pant son

â - - me, Tu fis \_\_\_\_\_ a-vec a - mour é - pa-nou - ir la

femme En cet an - ge des cieux! \_\_\_ C'est là! \_\_\_ oui, \_\_\_ c'est

là! \_\_\_ Sa - lut! de-meu - re chaste et pu - re, Sa - lut! de-meu-re chaste et

MMO CD 4017

*molto cresc.*

pu – re     où se de-vi-ne La pré-sen-ce d'une âme in-no-cente et di-vi –

*cresc.*     *dim.* **pp**

ne!     Sa – lut! ___ Sa – lut! de-meu-re chaste et pu – –

*dolce*

re,           où se de-vi-ne La pré-sen-ce d'une âme in-no-

*rit. molto*

*col canto*

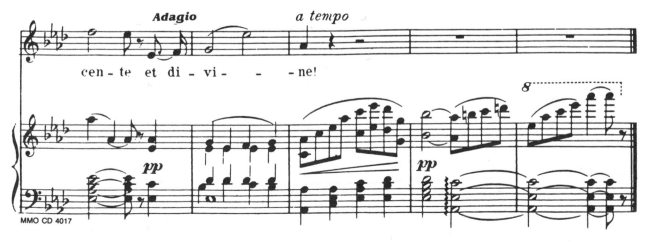

**Adagio**          *a tempo*

cen – te et di-vi – ne!

**pp**          **pp**

# Le Rêve

## Manon

Massenet
(1842-1912)

Des Grieux

Ins - tant char - mant, Où la crain-te fait trè - ve, Où nous som-mes deux seu-le - ment! _____ Tiens, Ma -

*rall.*

non, en mar-chant Je viens de faire un rê - ve!...

*colla voce* **f** *secco*

**Andante lento tranquillissimo**

*p*

En fer-mant les yeux je vois... Là-

*pp dolciss. e sostenuto*

*una corda*

*poco*

*p*

bas... _____ une hum - ble re - trai - te, Une mai - son-

*dolce*

net - te Tou - te blanche au fond des bois! _____

*poco*

Sous ces tran - quil - les om - bra - - - ges Les

clairs et joy - eux ruis - seaux _____ Où se mi - rent les feuil-

la - - - ges Chan - tent a - vec les oi - seaux! _____

C'est le pa - ra - dis!... Oh! non!... Tout est

7017

là triste et mo-ro-se, Car il y manque u - ne

chose..Il y faut en-cor... Ma - non!

Viens! Là se-ra no-tre vi - e, Si tu le

veux, ô Ma - non!

7017

# M'appari

## Martha

Von Flotow
(1812-1883)

**Allegro moderato**

**Lionel**
*dolce*

M'ap - pa - ri tutt' a - mor, il___ mio

sguar - do l'in - con - trò; bel - la si

che il mio cor, an - si - o - so a lei vo - lò; ___

___ mi fe - ri, m'in - va - ghi quell'an - ge - li - ca bel - tà, scul - ta in

cor dall' a - mor can - cel - lar - si non po - tra, il pen - sier di po -

ter pal - pi - tar con lei d'a - mor, può so - pir il mar - tir che m'af-

*poco allarg.*

fan - na e stra - zia il cor, e stra - zia il cor:

*poco allarg.*

*p* *a tempo*

M'ap - pa - ri, tutt' a - mor, il — mio sguar - do

*a tempo*

l'in - con - trò, bel - la — si che il mio cor ——

*rall. e dim.* *f più animato*

— an - si - o - so a lei vo - lò; Mar - ta, Mar - ta, tu spa -

*decresc.* *colla voce* *f più animato*

ri - sti, e il mio cor col tuo m'ar - dò! tu__ la

*cresc.*

pa - ce mi__ ra pis - ti, di do - lor io mo - ri -

rò, ah, di do - lor mor - rò, si, mor - rò!

# Amor ti vieta

## Fedora

Giordano
(1867-1948)

**Sostenuto**

**Andante cantabile**

Voice *con espress.*

A - mor__ ti__ vie - ta di non a -

mar... La man tua__ lie - ve,

*senza precipitare*

che mi re - spin - ge, cer - ca___ la___

stret - ta del - la mia man;

la tua pu -pil-la e -spri - - me: "T'a - - -

*stentate*

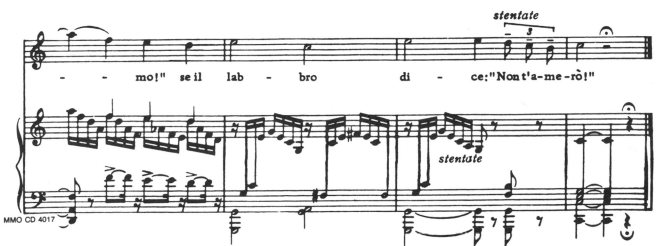

- - mo!" se il lab - bro di - ce:"Non t'a-me-rò!"

*stentate*

# Donna non vidi mai

## Manon Lescaut

Giacomo Puccini
(1858-1924)

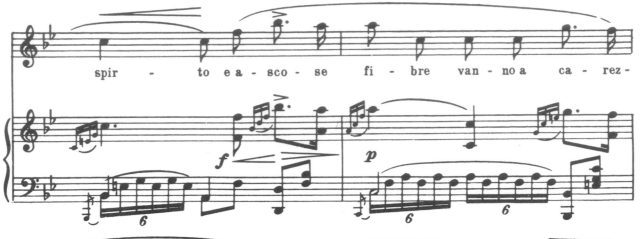

spir - to e a - sco - se fi - bre van - no a ca - rez -

za - re. _____ O sus-sur - ro gen -

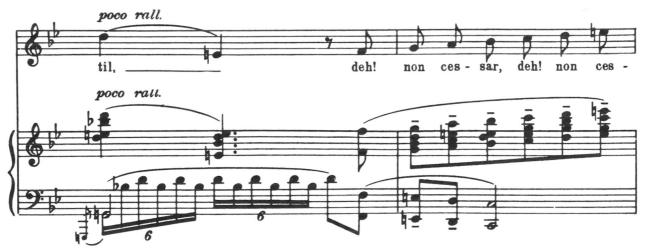

til, _____ deh! non ces - sar, deh! non ces -

sa - re! _____ O sus - sur - ro gen -

# E Lucevan le stelle

## Tosca

Giacomo Puccini
(1858-1924)

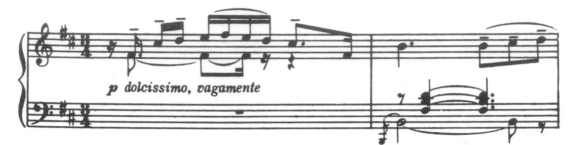

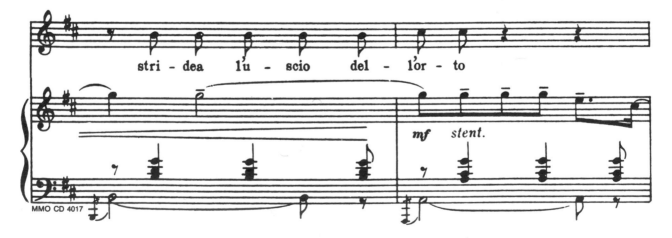

e un pas - so sfio-ra-va la re - na.

En - tra - va el-la, fra-gran-te,

*sostenendo vagamente*

*affrett.*   *pp rit.*

mi ca - dea fra le brac - cia.

*affrett.*   *rit.*

*con grande sentimento*
*(vagamente)*

Oh! dol - ci ba - ci,o langui-de ca - rez-ze, mentr'io fre-

*pp con grande sentimento*

men - te le bel - le for - me di - scio - gliea dai

ve - li! Sva - ni per sem-pre il so-gno mio d'a-

mo - re l'o - ra è fug-gi - ta...............

........ e muo - io di - spe - ra - to!

*stentato un poco con anima*

*con anima*
*f stentato un poco*

MMO CD 4017

# Che gelida manina
## La Bohème

Giacomo Puccini
(1858-1924)

Che ge - li - da ma - ni - na, se la la - sci ri - scal - dar. Cer - car che gio - va? Al bu - io non si

tro - va.

Ma per for - tu - na è una not - te di lu - na, _____ e qui la

lu - na l'ab - bia - mo vi - ci - na. A - spet - ti si - gno - ri - na, le di -

rò con due pa - ro - le chi son, chi son, e che fac - cio

co - me vi - vo. Vuo - le? Chi

son? chi son? So-no un po - e - ta. Che co-sa fac-cio?

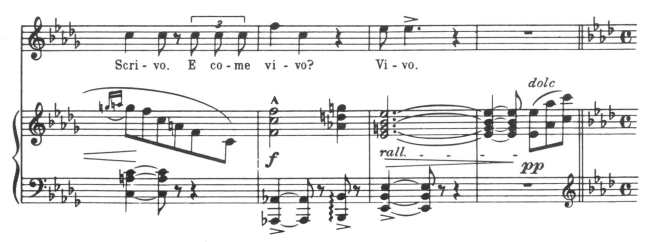

Scri - vo. E co - me vi - vo? Vi - vo.

In po - ver - tà mia lie - ta scia - lo da gran si -

gno - re _____ ri - me ed in - ni d'a - mo - re. Per so - gni e per chi -

ed i miei so - gni u - sa - ti e i bei so - gni mie i

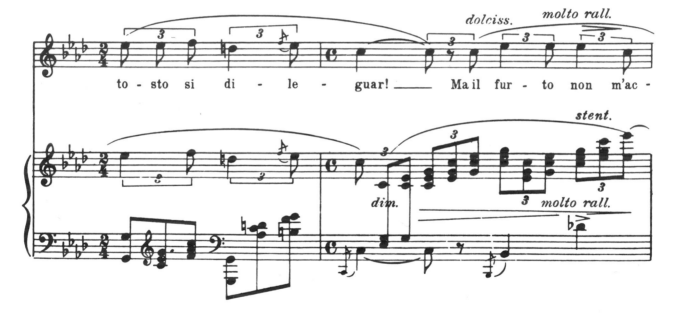

to - sto si di - le - guar! Ma il fur - to non m'ac -

co - ra poi - chè, poi - chè v'ha pre - so

Ossia

stan - za la spe - ran - za!

allarg.
stan - za la dol - ce spe - ran - za!

allarg.
cresc.
f

dolcissimo
p
con anima
stentando allarg.
Or che mi co-no-sce-te par-la-te vo-i, deh! par-la-te. Chi sie-te?

ppp allarg. sempre
pp
f con anima allarg.
p

rall.
pp
Vi piac-cia dir!

pp col canto
pp allargando e dim. molto

# Flower Song
## Carmen

George Bizet
(1838-1875)

La fleur que tu m'a-vais je-té - e, Dans ma pri-son m'é-tait res-té - e, Flé-trie et sè - che, cet-te fleur Gardait tou - jours sa douce o-

deur; Et pen - dant des heu - res en - tiè - res, Sur mes

yeux fermant mes pau - piè - res, De cet - te o - deur _ je m'en - i -

vrais; Et dans la nuit _____ je te vo - yais! ___ Je

Un poco più animato cresc.

me pre - nais _ à te mau - di - re, À te dé - tes - ter, _ à me

di - re: Pour- quoi faut - il _ que le des - tin _ L'ait mi - se là _ sur mon che-

min! _ Puis je m'accusais de blas-phè _ me, Et je ne sentais en moi-

mê - me, Je ne sen - tais _ qu'un seul dé - sir, un seul dé-

sir, un seul es - poir, Te revoir, ô Car - men, oui, te re-

# VOCAL COMPACT DISCS

**MMO CD 4001** ***Franz Schubert Songs*** *for High Voice*
An die Musik; Die forelle; Auf dem Wasser zu singen; Du bist die Ruh; Wohin?; Nacht und Traüme; Ständchen; Heidenröslein; Gretchen am spinnrade; Der Musensohn; Romanze aus "Rosamunde"; Lachen und Weinen; Der Tod und das Mädchen; An Silvia; Seligkeit

**MMO CD 4002** ***Franz Schubert Songs*** *for Low Voice*
An die Musik; Auf dem Wasser zu singen; Du bist die Ruh; Wohin?; Nacht und Traüme; Ständchen; Heidenröslein; Gretchen am spinnrade; Erlkönig; Romanze aus "Rosamunde"; Aufenthalt; Der Tod und das Mädchen; An Silvia; Seligkeit

**MMO CD 4003** ***Franz Schubert Songs*** *for High Voice Vol. 2*
Frühlingsglaube; Dass sie hier gewesen!; Im Frühling; Die liebe hat gelogen; Du liebst mich nicht; Erster verlust; Die allmacht; Ganymed; Wanderers nachtlied; Nähe des Geliebten; Fischerweise; Nachtviolen; Rastlose Liebe; Im Abendrot; Ungeduld

**MMO CD 4004** ***Franz Schubert Songs*** *for Low Voice Vol. 2*
Frühlingsglaube; Dass sie hier gewesen!; Im Frühling; Die liebe hat gelogen; Du liebst mich nicht; Erster verlust; Die allmacht; Ganymed; Wanderers nachtlied; Nähe des Geliebten; Fischerweise; Nachtviolen; Rastlose Liebe; Im Abendrot; Ungeduld

**MMO CD 4005** ***Johannes Brahms Lieder*** *for High Voice*
Liebestreu; Der Tod, das ist die kühle Nacht; Wie Melodien zieht es mir; Immer leiser wird mein Schlummer; Ständchen; Botschaft; O wüsst ich doch den Weg zurück; Dein Blaues Auge; An die Nachtigall; Bei dir sind meine Gedanken; Von ewiger Liebe; Die Mainacht; Sonntag; Vergebliches Ständchen; Meine Liebe ist grün

**MMO CD 4006** ***Johannes Brahms Lieder*** *for Low Voice*
Liebestreu; Sapphische Ode; Wie Melodien zieht es mir; Immer leiser wird mein Schlummer; Auf dem Kirchhofe; Botschaft; Sonntag; O wüsst ich doch den Weg zurück; Dein Blaues Auge; An die Nachtigall; Alte Liebe; Von ewiger Liebe; Die Mainacht; Vergebliches Ständchen; Meine Liebe ist grün

**MMO CD 4007** ***Everybody's Favorite Songs*** *for High Voice*
**Bach** My Heart Ever Faithful; **Gounod** Ave Maria; **Schubert** Ave Maria; **Brahms** Wiegenlied; **Franz** Dedication; **Dvorak** Songs My Mother Taught Me; **Tschaikovsky** None But The Lonely Heart; **Grieg** I Love Thee; **Hahn** Si mes vers avaient des ailes; **Faure** Apres un Rêve; **Moore** Last Rose Of Summer; **Jonson** Drink To Me Only With Thine Eyes; **Quilter** Now Sleeps The Crimson Petal; **Haydn** My Mother Bids Me Bind My Hair

**MMO CD 4008** ***Everybody's Favorite Songs*** *for Low Voice*
**Bach** My Heart Ever Faithful; **Gounod** Ave Maria; **Schubert** Ave Maria; **Brahms** Wiegenlied; **Franz** Dedication; **Dvorak** Songs My Mother Taught Me; **Tschaikovsky** None But The Lonely Heart; **Grieg** I Love Thee; **Hahn** Si mes vers avaient des ailes; **Faure** Apres un Rêve; **Moore** Last Rose Of Summer; **Jonson** Drink To Me Only With Thine Eyes; **Quilter** Now Sleeps The Crimson Petal; **Haydn** My Mother Bids Me Bind My Hair

**MMO CD 4009** ***Everybody's Favorite Songs*** *for High Voice Vol. 2*
**Purcell** Music For A While; **Torelli** Tu lo sai; **Mozart** Das Veilchen; **Handel** Where'er You Walk; **Beethoven** Ich liebe dich; **Schumann** Der Nussbaum; Die Lotosblume; **Schubert** Litanei; **Mendelssohn** On Wings Of Song; **Bohm** Still wie die nacht; **Trad.** Londonderry Air; Greensleeves; **Moore** Believe Me, If All Those Endearing Young Charms; **Debussy** Beau Soir; **Wolf** Verborgenheit; **Strauss** Zueignung

**MMO CD 4010** ***Everybody's Favorite Songs*** *for Low Voice Vol. 2*
**Purcell** Music For A While; **Torelli** Tu lo sai; **Mozart** Das Veilchen; **Handel** Where'er You Walk; **Beethoven** Ich liebe dich; **Schumann** Der Nussbaum; Die Lotosblume; **Schubert** Litanei; **Mendelssohn** On Wings Of Song; **Bohm** Still wie die nacht; **Trad.** Londonderry Air; Greensleeves; **Moore** Believe Me, If All Those Endearing Young Charms; **Debussy** Beau Soir; **Wolf** Verborgenheit; **Strauss** Zueignung

**MMO CD 4011** ***17th/18th Century Italian Songs*** *Vol. 1 for High Voice*
**Caldara** Selve amiche; **Carissimi** Vittoria, mio cuore; **Monteverdi** Lasciatemi morire; **Scarlatti** Già il sole dal Gange; **Caccini** Udite, amanti; **Cavalli** Sospiri di fuoco; **Caccini** Belle rose purpurine; **Falconieri** Bella porta di rubini; **Durante** Vergin, tutto amor; **Giordani** Caro mio ben; **Caccini** Sfogava con le stelle; **Peri** Nel puro ardor; **Scarlatti** Sento nel core

**MMO CD 4012** ***17th/18th Century Italian Songs*** *Vol. 1 for Low Voice*
**Caldara** Selve amiche; **Carissimi** Vittoria, mio cuore; **Monteverdi** Lasciatemi morire; **Scarlatti** Già il sole dal Gange; **Caccini** Udite, amanti; **Cavalli** Sospiri di fuoco; **Caccini** Belle rose purpurine; **Falconieri** Bella porta di rubini; **Durante** Vergin, tutto amor; **Giordani** Caro mio ben; **Caccini** Sfogava con le stelle; **Peri** Nel puro ardor; **Scarlatti** Sento nel core

**MMO CD 4013** ***17th/18th Century Italian Songs*** *Vol. 2 for High Voice*
**Caccini** Amarilli; **Legrenzi** Che fiero costume; **Durante** Danza, danza, fanciulla; **Caccini** Occhi immortali; **Cavalli** Son ancor pargoletta; **Scarlatti** O cessate di piagarmi; **Stradella** Se nel ben sempre inconstante; **Falconieri** Occhietti amati; **Scarlatti** Toglietemi la vita ancor; **Rontani** Caldi sospiri; **Monteverdi** Illustratevi, o cieli; **Rosa** Vado ben spesso cangiando loco; **Peri** Gioite al canto mio

**MMO CD 4014** ***17th/18th Century Italian Songs*** *Vol. 2 for Low Voice*
**Caccini** Amarilli; **Legrenzi** Che fiero costume; **Durante** Danza, danza, fanciulla; **Caccini** Occhi immortali; **Cavalli** Son ancor pargoletta; **Scarlatti** O cessate di piagarmi; **Stradella** Se nel ben sempre inconstante; **Falconieri** Occhietti amati; **Scarlatti** Toglietemi la vita ancor; **Rontani** Caldi sospiri; **Monteverdi** Illustratevi, o cieli; **Rosa** Vado ben spesso cangiando loco; **Peri** Gioite al canto mio

**MMO CD 4015** ***Famous Soprano Arias***
**Mozart** Ach ich fühl's *(Magic Flute)*; Deh vieni, non tardar *(Marriage Of Figaro)*; **Puccini** Mi chiamano Mimi *(La Boheme)*; Un bel di vedremo *(Madama Butterfly)*; **Verdi** Addio, del passato *(La Traviata)*; Ave Maria *(Otello)*; **Weber** Und ob die Wolke *(Der Freischütz)*; **Puccini** O mio babbino caro *(Gianni Schicchi)*; **Charpentier** Depuis le jour *(Louise)*; **Verdi** Sul fil d'un soffio etesio *(Falstaff)*; **Puccini** Quando m'en vo *(La Boheme)*; **Massenet** Adieu, notre petite table *(Manon)*; **Gounod** Jewel Song *(Faust)*

**MMO CD 4016** ***Famous Mezzo-Soprano Arias***
**Gluck** Che faro senza Euridice *(Orfeo)*; **Handel** Largo *(Xerxes)*; **Mozart** Voi, che sapete; Non so più cosa son *(Marriage Of Figaro)*; **Thomas** Connais tu le pays? *(Mignon)*; **Ponchielli** Voce di donna *(La Gioconda)*; **Verdi** Stride la vampa *(Il Trovatore)*; **Saint-Saens** Printemps qui commence; Amour, viens aider; Mon coeur s'ouvre a ta voix *(Samson Et Dalila)*; **Bizet** Habanera; Seguidilla *(Carmen)*

**MMO CD 4017** ***Famous Tenor Arias***
**Mozart** Dies Bildness *(Magic Flute)*; Dalla sua pace *(Don Giovanni)*; **Verdi** De' miei bollenti spiriti *(La Traviata)*; La donna è mobile *(Rigoletto)*; **Lalo** Aubade *(Le Roi d'Ys)*; **Gounod** Salut! Demeure chaste et pure *(Faust)*; **Massenet** Le Rêve *(Manon)*; **Flotow** M'appari *(Martha)*; **Giordano** Amor ti vieta (Fedora); **Puccini** Donna non vidi mai *(Manon Lescaut)*; E lucevan le stelle *(Tosca)*; Che gelida manina *(La Boheme)*; **Bizet** Flower Song *(Carmen)*

**MMO CD 4018** ***Famous Baritone Arias***
**Mozart** Non più andrai *(Marriage Of Figaro)*; Deh vieni alla Finestra *(Don Giovanni)*; Der Vogelfänger bin ich ja *(Magic Flute)*; **Gounod** Avant de quitter ces lieux (Eb); Avant de quitter ces lieux (Db) *(Faust)*; **Verdi** Il balen del suo sorriso *(Il Trovatore)*; Di provenza il mar *(La Traviata)*; **Bizet** Toreador Song *(Carmen)*; **Leoncavallo** Prologue *(I Pagliacci)*; **Verdi** Alla vita che t'arride; Eri tu che macchiavi *(Un Ballo In Maschera)*; **Massenet** Vision Fugitive *(Hérodiade)*, **Wagner** O du mein holder Abendstern *(Tannhauser)*

**MMO CD 4019** ***Famous Bass Arias***
**Mozart** O Isis und Osiris; In diesen Heil'gen Hallen *(Magic Flute)*; Non più andrai *(Marriage Of Figaro)*; **Gounod** Vous qui faites l'endormie *(Serenade)*; Le veau d'or *(Faust)*; **Puccini** Vecchia zimarra *(La Boheme)*; **Verdi** Quand'ero paggio *(Falstaff)*; **Rossini** La Calunnia *(Barber Of Seville)*; **Bellini** Vi ravviso, o luoghi ameni *(La Sonnambula)*; **Verdi** Infelice! e tuo credivi *(Ernani)*; Ella giammai m'amò *(Don Carlo)*; **Verdi** Il lacerato spirito *(Simone Boccanegra)*

**MMO CD 4020** ***Hugo Wolf Lieder*** *for High Voice*
Im frühling; Auf ein altes Bild; Gebet; Lebe wohl; In der Frühe; Begegnung; Der Gärtner; Schlafendes Jesuskind; Nun lass uns Frieden schliessen; Verschwiegene liebe; Nachtzauber; Herr, was trägt der Boden hier; Ach, des knaben augen; Anakreons grab; Epiphanias

**MMO CD 4021** ***Hugo Wolf Lieder*** *for Low Voice*
Im frühling; Auf ein altes Bild; Gebet; Lebe wohl; In der Frühe; Auf einer wanderung; Der Gärtner; Schlafendes Jesuskind; Um Mitternacht; Verschwiegene Liebe; Nachtzauber; Herr, was trägt der Boden hier; Ach, des knaben augen; Nun lass uns Frieden schliessen; Anakreons grab

**MMO CD 4022** ***Richard Strauss Lieder*** *for High Voice*
Heimliche Aufforderung; Allerseelen; Heimkehr; Die Nacht; Morgen!; Wie sollten wir geheim; Wiegenlied; Befreit; Waldseligkeit; Freundliche vision; Mein auge; Traum durch die Dämmerung; Ständchen; Ich schwebe; Cäcilie

**MMO CD 4023** ***Richard Strauss Lieder*** *for Low Voice*
Heimliche Aufforderung; Allerseelen; Heimkehr; Die Nacht; Morgen!; Wie sollten wir geheim; Du meines herzens krönelein; Befreit; Waldseligkeit; Freundliche vision; Icht trage meine Minne; Traum durch die Dämmerung; Ständchen; Ich schwebe; Cäcilie

**MMO CD 4024** ***Robert Schumann Lieder*** *for High Voice*
Widmung; Du bist wie eine Blume; In der fremde; Waldesgespräch; Mondnacht; Frühlingsnacht; Der himmel hat eine Träne geweint; Dein angesicht; Stille tränen; Ich grolle nicht; Requiem; Meine rose; Mit Myrten und Rosen; Mein schöner stern!; Schöne Wiege meiner Leiden

**MMO CD 4025** ***Robert Schumann Lieder*** *for Low Voice*
Widmung; Du bist wie eine Blume; In der fremde; Waldesgespräch; Mondnacht; Frühlingsnacht; Der himmel hat eine Träne geweint; Dein angesicht; Stille tränen; Ich grolle nicht; Aus den hebraischen Gesängen; Meine rose; Mit Myrten und Rosen; Mein schöner stern!; Schöne Wiege meiner Leiden

**MMO CD 4026** ***Mozart Opera Arias For Soprano***
*(Cosi Fan Tutte)* Come scoglio; *(Don Giovanni)* Non mi dir; *(Marriage Of Figaro)* Porgi, amor, qualche ristoro; Dove sono; *(Cosi Fan Tutte)* In uomini; Una donna a quindici anni; *(Don Giovanni)* Batti, batti, o bel masetto; Vedrai, Carino; *(Abduction From The Seraglio)* Ach, ich Liebte

**MMO CD 4027** ***Verdi Opera Arias For Soprano***
*(La Forza Del Destino)* Pace, Pace, mio Dio; *(Ernani)* Ernani, Involami; *(Un Ballo In Maschera)* Morro, ma prima in grazia; *(Il Trovatore)* D'Amor sull' ali rosee; *(Don Carlo)* Tu che le vanita; *(Aida)* Oh patria mia; *(Macbeth)* Una macchia

**MMO CD 4028** ***Italian Opera Arias For Soprano***
*(Julius Caesar)* V'adorò pupille; Piangerò; *(William Tell)* Selva opaca; *(La Boheme)* Donde lieta usci; *(Cavalleria Rusticana)* Voi lo sapete; *(Adriana Lecouvreur)* Io son l'umile ancella; Poveri fiori; *(La Wally)* Ebben, n'andro lontana; *(Mefistofele)* L'altra notte; *(La Gioconda)* Suicidio!

**MMO CD 4029** ***French Opera Arias For Soprano***
*(Alceste)* Divinités du Styx; *(Iphigenie En Tauride)* O malheureuse Iphigenie!; *(Le Cid)* Pleurez! pleurez, mes yeux!; *(L'Enfant Prodigue)* Recitative and Lia's Aria; *(Carmen)* Je dis que rien ne m'épouvante; *(Hérodiade)* Il est doux, il est bon; *(Faust)* Le Roi de Thulé; *(Sapho)* O ma lyre immortelle

**MMO CD 4030** ***Soprano Oratorio Arias***
**Mozart** Alleluia; Et Incarnatus Est; **Haydn** On Mighty Wings; With Verdure Clad; **Mendelssohn** Hear Ye, Israel!; **Bach** Ich Will Dir Mein Herze Schenken; Blute Nur; **Handel** Rejoice Greatly; Come Unto Him; I Know That My Redeemer Liveth

**MMO CD 4031** ***Alto Oratorio Arias***
**Handel** O Thou That Tellest Good Tidings To Zion; He Shall Feed His Flock; **Bach** Prepare Thyself, Zion; Keep, O My Spirit; Buß Und Reu'; Erbarme Dich; **Mendelssohn** But The Lord Is Mindful Of His Own; O Rest In The Lord; **Handel** Thou Shalt Bring Them In; In The Battle

**MMO CD 4032** ***Tenor Oratorio Arias***
**Handel** Comfort Ye; Every Valley; Thou Shalt Break Them; **Bach** Deposuit; **Handel** Waft Her, Angels; **Haydn** In Native Worth; **Mendelssohn** If With All Your Hearts; Then Shall The Righteous; **Handel** Sound An Alarm; **Verdi** Ingemisco

**MMO CD 4033** ***Bass Oratorio Arias***
**Haydn** Now Shines The Brightest Glory Of Heaven; **Handel** But Who May Abide The Day Of His Coming; The Trumpet Shall Sound; Why Do The Nations; Honor And Arms; Arm, Arm, Ye Brave!; **Mendelssohn** Lord God Of Abraham; Is Not His Word Like A Fire; It Is Enough; **Verdi** Confutatis

John Wustman is one of the few accompanists in this country who has achieved renown and critical acclaim in this most challenging of art forms. Mr. Wustman has developed that rare quality of bringing a strength and character to his accompaniments which create a true collaboration between the singer and the pianist. And this is as it should be, for in the art song especially, the piano part is not a mere rhythmic and tonal background, but an integral part of the composer's intent and creation. Thus, on these recordings, Mr. Wustman provides not only the necessary accompaniment but also through his artistry a stylistic and interpretive suggestion for the study of the music.

Among the many artists he has accompanied in past years are Gianna d'Angelo, Irina Arkhipova, Montserrat Caballe, Regine Crespin, Nicolai Gedda, Evelyn Lear, Mildred Miller, Anna Moffo, Brigit Nilsson, Jan Peerce, Roberta Peters, Elizabeth Schwarzkopf, Renata Scotto, Cesare Siepi, Giulietta Simionato, Thomas Stewart, Cesare Valetti and William Warfield.

Mr. Wustman has become known to millions of television viewers as the accompanist to Luciano Pavarotti in his many appearances in concert and recital.

**A technical note:** These accompaniments were recorded during the years 1961 through 1963 in Judson Hall, New York City using a Scully ¼" tape recorder operating at 30 i.p.s. without noise reduction. The microphones used were a pair of RCA 77 DX ribbon mikes modified with Danish transformers. The recording engineer was David Hancock, whose work as an independent engineer, throughout his career has won him the plaudits of critics and musicians world wide. The analog tapes were transferred to digital audio tape (DATS) in 1992 by Stephen Roane for production in this series.

## MUSIC MINUS ONE VOCAL RECORDINGS ON COMPACT DISCS

**MMO CD 4001 Franz Schubert Songs For High Voice**
**MMO CD 4002 Franz Schubert Songs For Low Voice**
**MMO CD 4003 Franz Schubert Songs High Voice, Vol. 2**
**MMO CD 4004 Franz Schubert Songs Low Voice, Vol. 2**
**MMO CD 4005 Johannes Brahms Songs For High Voice**
**MMO CD 4006 Johannes Brahms Songs For Low Voice**
**MMO CD 4007 Everybody's Favorite Songs For High Voice**
**MMO CD 4008 Everybody's Favorite Songs For Low Voice**
**MMO CD 4009 Everybody's Favorites, High Voice Vol. 2**
**MMO CD 4010 Everybody's Favorites, Low Voice Vol. 2**
**MMO CD 4011 17th/18th Cent. Italian Songs, High Voice**
**MMO CD 4012 17th/18th Cent. Italian Songs, Low Voice**
**MMO CD 4013 17th/18th Cent. Italian High Voice, Vol. 2**
**MMO CD 4014 17th/18th Cent. Italian, Low Voice Vol. 2**
**MMO CD 4015 Famous Soprano Arias**
**MMO CD 4016 Famous Mezzo-Soprano Arias**
**MMO CD 4017 Famous Tenor Arias**

**MMO CD 4018 Famous Baritone Arias**
**MMO CD 4019 Famous Bass Arias**
**MMO CD 4020 Hugo Wolf Lieder High Voice**
**MMO CD 4021 Hugo Wolf Lieder Low Voice**
**MMO CD 4022 Richard Strauss Lieder High Voice**
**MMO CD 4023 Richard Strauss Lieder Low Voice**
**MMO CD 4024 Robert Schumann Lieder High Voice**
**MMO CD 4025 Robert Schumann Lieder Low Voice**
**MMO CD 4026 Mozart Operatic Arias Soprano**
**MMO CD 4027 Verdi Operatic Arias Soprano**
**MMO CD 4028 Italian Operatic Arias Soprano**
**MMO CD 4029 French Operatic Arias Soprano**
**MMO CD 4030 Soprano Oratorio Arias**
**MMO CD 4031 Alto Oratorio Arias**
**MMO CD 4032 Tenor Oratorio Arias**
**MMO CD 4033 Bass Oratorio Arias**

**MMO Music Group • 50 Executive Boulevard, Elmsford, New York 10523, 1-(800) 669-7464**
**Website: www. minusone.com • E-mail: mmomus@aol.com**